Für ....

Von ....

Herzlichen Glückwunsch zum 80. Geburtstag!

1943

EIN GANZ BESONDERER JAHRGANG

Pattloch

1943

GEBURT

Was für eine Zeit!
1943 – Ein besonderes Jahr

Als du vor 80 Jahren das Licht der Welt erblickst, versinkt die Welt gerade im Chaos. Nazi-Deutschland befindet sich im Krieg gegen die restliche Welt und in seiner Sportpalastrede am 18. Februar holt sich Joseph Goebbels die Zustimmung der Deutschen zum „totalen Krieg". Glücklicherweise bist du zu jung, um das Kriegselend zu begreifen. Stattdessen wird deine Kindheit hoffentlich vom Aufbau geprägt sein: entweder in der BRD, wo das Wirtschaftswunder schon bald wieder Wohlstand verspricht, oder in der DDR, die in den 50er-Jahren bemüht ist, den sozialistischen Musterstaat aufzubauen. Außerdem gehörst du zur Generation der „Alt-68er", die in ihrer Jugend gegen ihre Eltern und die verknöcherten Strukturen der jungen BRD rebellieren beziehungsweise gegen die Versuche der DDR-Regierung, Einflüsse der westlichen Jugendkultur und des Prager Frühlings einzudämmen. Doch was war wirklich los in deinem Geburtsjahr und in den Jahren deiner Kindheit und Jugend? Was bewegte die Menschen abseits des Kriegsgeschehens? Welche Filme liefen im Kino, welche Musik war angesagt? All das wird dieses Buch auf den nächsten Seiten näher beleuchten. Viel Spaß bei dieser kleinen Zeitreise.

Hallo Kleines!
Für deine Mutter bist du selbstverständlich das Größte. Viele Frauen werden jetzt dienstverpflichtet, um die fehlende Arbeitskraft der Männer auszugleichen, die an der Front kämpfen. Deshalb können sich viele Mütter nicht mehr ganztägig um ihren Nachwuchs kümmern, so wie diese Mutter, die bei der Reichsbahn arbeitet.

Raus aus der Gefahrenzone

Wer Verwandte auf dem Land hat oder anderweitig eine Unterkunft findet, nutzt jede Gelegenheit, die Familie vor dem Bombardement der Großstädte in Sicherheit zu bringen.

In Begleitung

Auf dem Land lauern weniger Gefahren. Es gibt keine Luftangriffe und auch weniger Verkehr. Hier kannst du sorgenfrei deinen Dackel Gassi führen.

Beliebte Vornamen 1943

Mädchen:
Karin, Renate, Monika, Ursula, Elke, Ingrid, Gisela, Christa, Helga, Bärbel

Jungen:
Hans, Peter, Klaus, Wolfgang, Jürgen, Dieter, Uwe, Bernd, Manfred, Horst

1943
ALLTAG

An der „Heimatfront"

Kriegsalltag

Spätestens seit 1941 sind alle wehrfähigen jungen Männer eingezogen und kämpfen an der Front in einem mittlerweile aussichtslosen Krieg. Auch dein Vater erfährt wahrscheinlich von deiner Geburt nur aus Briefen, denn Fronturlaub ist selten. Oder deine Mutter überbringt ihm die frohe Botschaft via Radio. In der Sendung „Wunschkonzert für die Wehrmacht" werden Musikwünsche für Soldaten gespielt und Grüße aus der Heimat übermittelt. Neben Geburtstagsgrüßen sind auch immer wieder Geburtsanzeigen an die jungen Väter dabei.

Während die Männer an der Front sind, müssen die Frauen zu Hause die doppelte Arbeit leisten. Eigentlich soll die „deutsche Frau" nur Hausfrau und Mutter sein. Doch dem Staat gehen die Arbeitskräfte aus und vielen Familien, die plötzlich vom schmalen Sold der Väter leben müssen, auch das Geld. Also heißt es für viele Frauen jetzt: vormittags Arbeit im Betrieb, nachmittags Haushalt. Dazu kommt, dass das Haushalten mit den knapper werdenden Lebensmitteln und Alltagswaren auf Bezugsschein immer schwieriger wird.

Für dich?

Die nationalsozialistische Propaganda wendet sich mit Durchhalteparolen an deine Eltern. Sie sollen an der Front und in der Rüstungsindustrie für deine Zukunft kämpfen. Dabei wäre es dir sicher lieber, wenn überhaupt nicht gekämpft würde und deine Eltern mehr Zeit für dich hätten.

Alternativen

Fleisch wird im Deutschen Reich früh Mangelware und soll durch andere Lebensmittel ersetzt werden. Dieses Magazin bietet eine ganze Reihe von Rezepten für Salzhering, um den Hausfrauen Alternativen aufzuzeigen.

Weißt du's?

Wie nennt der Volksmund den verhassten Ersatzkaffee?

Antwort: Muckefuck

Seltenes Glück

Deinen Vater siehst du vermutlich nur zu den seltenen Gelegenheiten, wenn er für ein paar Tage auf Fronturlaub zu Hause ist.

1943

KINO

Das Unglück der anderen
Zerstreuung im Kino

Der Film des Jahres 1943 ist ausgerechnet ein Melodram: „Romanze in Moll" erzählt die Geschichte einer jungen verheirateten Frau, die sich in einen Komponisten verliebt und schließlich an ihrem Doppelleben zerbricht. Propagandaminister Joseph Goebbels gibt den Film nur widerstrebend für den Verleih frei, denn er befürchtet den Sittenverfall der deutschen Frau, wenn sie Marianne Hoppe in der Rolle der selbstmörderischen Ehebrecherin sieht. Der Film läuft zu Beginn nur in einigen wenigen Frontkinos, doch die Soldaten sind so begeistert, dass sich das Propagandaministerium nicht länger gegen eine Veröffentlichung sperrt. Tatsächlich wird der künstlerisch anspruchsvolle Streifen sogar im Ausland überaus positiv aufgenommen. Französische Kritiker urteilen, „Romanze in Moll" sei der einzige Film der NS-Zeit, den es sich zu sehen lohne.

Die Machthaber in Deutschland sehen es dagegen lieber, wenn das Volk mit heiteren Komödien bei Laune gehalten wird. Das Kino soll für die Zuschauer schließlich eine Flucht aus der Wirklichkeit sein. Wer braucht da noch mehr Tragödie auf der Leinwand?

Zum letzten Mal
„Damals" ist der letzte Film, den Zarah Leander in Deutschland dreht. Der Publikumsliebling reist noch einmal zur Premiere nach Berlin und zieht sich danach endgültig auf ihr Gut in Schweden zurück.

Lügenbaron
Hans Albers in der Rolle des Barons Münchhausen sorgt für Erheiterung im Kinosaal. Nach den bedrückenden Nachrichten der Wochenschau sind Komödien eine willkommene Abwechslung. „Münchhausen" ist der dritte deutsche Spielfilm in Farbe.

Verhängnisvolles Verhältnis
Die verheiratete Madeleine (Marianne Hoppe) beginnt in „Romanze in Moll" eine leidenschaftliche Affäre mit dem Komponisten Michael (Ferdinand Marian).

1943
MUSIK

Schlager geht immer
Deutsches Liedgut

In der restlichen Welt wird *geswingt* und *gejazzt*, doch hierzulande wird diese Art von Musik als „Negermusik" verunglimpft und ist verboten. Deshalb sind in Deutschland nach wie vor Schlager angesagt. Meistens sind die Lieder Bestandteil von Kinofilmen, bevor sie sich zum Gassenhauer entwickeln. So stammt zum Beispiel der Schlager „Kauf dir einen bunten Luftballon" aus dem Film „Der weiße Traum", der 1943 in den Kinos anläuft. Auch Zarah Leanders „Jede Nacht ein neues Glück" kennt man zuerst von der Leinwand. Sie singt das Lied in „Damals". Vom Regime nicht nur geduldet, sondern sogar gefördert wird klassische Musik von Komponisten wie Richard Strauss und Wilhelm Furtwängler. Sie pflegen in den Augen der Nationalsozialisten das Kulturgut. Dabei legt sich zumindest Furtwängler auch mit den Kulturbehörden an, weil er jüdische Künstler schützen will. In den USA kommt es unterdessen zu Massenhysterien und Menschenaufläufen, wenn „Ol' Blue Eyes" Frank Sinatra gesichtet wird. Der Sänger hat seine Karriere in den 30er-Jahren begonnen und bricht seither reihenweise Damenherzen.

Umstritten
Wilhelm Furtwängler wird nach dem Krieg für seine engen Beziehungen zum NS-Staatsapparat kritisiert. Tatsächlich war er nie Parteimitglied und setzte sich wiederholt für seine jüdischen Kollegen ein. Mitte der 40er-Jahre zieht er sich in die Schweiz zurück.

Vielseitig begabt

Willy Fritsch ist vor allem als Schauspieler bekannt. Weil er aber auch eine gute Stimme hat, singt er viele Filmschlager selbst ein. Dieses Jahr zum Beispiel „Hand in Hand" aus dem Film „Liebesgeschichten".

Weißt du's?

Mit welcher Schauspielerin bildete Willy Fritsch das Traumpaar des deutschen Films?

Antwort: Lilian Harvey

Hahn im Korb

Frank Sinatra macht derweil Karriere in den USA und ist der Traummann vieler junger Frauen. Bis sein Ruhm ungehindert nach Deutschland strahlt, wird es jedoch noch ein paar Jahre dauern.

1943 MODE

Lieber praktisch als schick
Improvisationskunst

In der Mode muss man jetzt selbst kreativ werden. Jeder Bürger kann seine Kleidung nur noch über die „Reichskleiderkarte" beziehen, die nach einem Punktesystem aufgebaut ist: Pro Jahr darf man für 80 Punkte Kleidung kaufen. Ein Pullover entspricht 25 Punkten, ein Paar Strümpfe vier Punkten und für ein Damenkostüm müssen 45 Punkte investiert werden. Da überlegt man sich schon ganz genau, ob man das neue Sommerkleid unbedingt braucht oder nicht doch lieber in einen warmen Wintermantel investiert. Selbst nähen ist eine Alternative, aber auch nur bedingt, denn Stoffe und Kurzwaren sind genauso rationiert wie die Kleidung von der Stange. Entsprechend einfach und schlicht fallen die Kollektionen der Eigenmarke aus. Besonders beliebt sind jetzt Turbane. Die kann man aus bunten Tüchern zu immer wieder neuen Kreationen winden.

Auch für die Modeillustrierten sind die Mangeljahre keine einfache Zeit. Viele werden eingestellt wie die Berliner Zeitschrift „Die Dame", die 1943 ein letztes Mal erscheint. In den wenigen verbliebenen Zeitschriften geht es vor allem um Tipps zum Selbermachen.

Weniger ist mehr
Ein typisches Kriegsmodell: schlicht, einfach herzustellen und zweckmäßig. Dieser Hut ist für die Feldarbeit gedacht und soll die fleißigen Erntehelferinnen vor der Sonne schützen.

Wie neu

Die Männermode wird immer einseitiger. Die meisten Männer können gar nicht mehr frei entscheiden, was sie tragen. Für sie ist jetzt und auch noch die nächsten zwei Jahre Uniform angesagt. Die Alternative wäre ein schlichter Straßenanzug. Für das hier präsentierte Modell wurden Textilspenden recycelt.

Besser als nichts

Schuhe sind Mangelware. Es gibt sie nur auf Bezugsschein und auch dann immer seltener. Also heißt es: auftragen, solange es geht.

1943

SPORT

Mit Disziplin zur Höchstleistung
Ein fittes Volk

Sport ist ein wichtiger Bestandteil der nationalsozialistischen Ideologie. Er dient der „Gesunderhaltung des Volkes" und wird deshalb für Jung und Alt propagiert, denn jeder Einzelne soll Höchstleistung bringen und an sein Limit gehen. In der Schule nimmt der Sport immer mehr Zeit in Anspruch: Fünfmal die Woche steht die körperliche Ertüchtigung auf dem Stundenplan. Während der Reichssportkämpfe können bzw. müssen alle Hitlerjungen ihre Sportlichkeit unter Beweis stellen. Aber auch in größeren Betrieben gibt es Sportgruppen, die in regionalen und überregionalen Betriebssportwettkämpfen gegeneinander antreten.

Auf professioneller Ebene passiert im Sport 1943 nicht sehr viel. Viele internationale Wettkämpfe sind wegen des Krieges ausgesetzt, die meisten männlichen Leistungssportler wurden mittlerweile ohnehin zum Kriegsdienst eingezogen. Deshalb findet dieses Jahr auch die letzte Deutsche Vereinspokalmeisterschaft im Fußball statt. Das im Volksmund als „Tschammerpokal" bekannte Turnier wurde 1935 eingeführt und ist ein Vorgänger des heutigen DFB-Pokals.

Finale
Am 31. Oktober 1943 stehen sich die beiden Mannschaften Vienna Wien und LSV Hamburg im Finale um den Tschammerpokal in Stuttgart gegenüber. Die Wiener können das Spiel 3:2 für sich entscheiden und sind damit die letzten Meister dieses Turniers.

Symbol des nationalen Sportgedankens

Das Reichssportfeld in Berlin steht wie keine andere Einrichtung für die sportliche Erziehung und Disziplin, die im Nationalsozialismus vom Volk gefordert wird. 1936 fanden hier die Olympischen Spiele statt, jetzt wird es für andere Großereignisse genutzt.

Berlin

Weißt du's?

Welche bekannte Eiskunstläuferin wurde 1943 geboren?

Antwort: Marika Kilius

Fit in der Ferne

In amerikanischer Kriegsgefangenschaft in Florida vertreiben sich diese deutschen Soldaten die Zeit am Reck, um in Form zu bleiben.

1943

LITERATUR

Kritische Stimmen

Exil-Literatur

Viele bekannte deutsche Schriftsteller waren bereits in den Anfangsjahren des deutschen Faschismus gezwungen, ins Exil zu gehen. Dort veröffentlicht Thomas Mann 1943 den letzten Teil seiner Tetralogie „Joseph und seine Brüder". Hermann Hesses zweibändiger Roman „Das Glasperlenspiel" erscheint in der Schweiz, wo der Autor seit einigen Jahren lebt. Erst 1946 darf das Buch auch in Deutschland herausgegeben werden. Noch im selben Jahr erhält Hesse den Literaturnobelpreis.

Der deutsche Buchmarkt hat kaum noch große Literatur zu bieten. Eine Druckerlaubnis erhalten nur noch ideologietreue Werke, entsprechend eintönig ist das Angebot. In den USA wird unterdessen ein moderner Klassiker geboren. Hier erscheint „Der kleine Prinz" des Franzosen Antoine de Saint-Exupéry, der ebenfalls ins Exil gegangen ist. Es ist zugleich die Entstehung eines der berühmtesten Literaturzitate unserer Zeit, denn der Satz des Fuchses „Man sieht nur mit dem Herzen gut, das Wesentliche ist für die Augen unsichtbar" ziert seitdem Grußkarten, Poesiealben und Kalender.

Zeitlos

Fast noch berühmter als die Geschichte selbst sind Saint-Exupérys Zeichnungen des Kleinen Prinzen und seiner zahlreichen Begegnungen mit allerlei schrägen Gestalten.

Späte Ehrung

1940, quasi in letzter Minute, gelingt der jüdisch-deutschen Dichterin Nelly Sachs zusammen mit ihrer Mutter die Flucht vor den Nazis nach Schweden. Ihre 1943 und 1944 entstehenden Gedichte erscheinen erst 1947 im ostdeutschen Aufbau-Verlag unter dem Titel „In den Wohnungen des Todes". Das Bild zeigt sie bei der Verleihung des Literaturnobelpreises, den sie 1966 zusammen mit Samuel Joseph Agnon erhielt.

Fern der Heimat

1943 beginnt der spätere Literaturnobelpreisträger Thomas Mann mit seinem nächsten großen Werk: „Doktor Faustus" spielt auf den Nationalsozialismus an und erscheint 1947.

1943
KONSUM

Was darf und was muss?
Erziehung von oben

Die Wirtschaft muss sich seit Beginn des Jahres dem „totalen Krieg" unterordnen, Konsumgüter werden da hintangestellt. Statt Werbung gibt es Ermahnungen und Tipps für den Alltag, etwa wie man am sparsamsten die Zähne putzt: Einmal am Tag reicht, wenn man zwischendurch eine Munddusche macht – das schont die Zahnbürste und spart Zahnpasta. Oder wann deine Mutter bügeln darf: am Nachmittag, wenn die Industrie nicht so viel Strom braucht. Gedruckte Werbeblättchen und Handzettel werden am 1. Juni verboten, um Papier für wichtigere Dinge zu sparen.

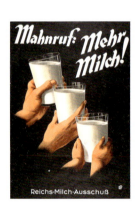

Trinkt!
Gekauft werden soll nicht, was der Konsument will, sondern was ausreichend vorhanden ist. Milch gilt als gesund, ist ein verhältnismäßig billiger Fettlieferant und soll jetzt häufiger genossen werden.

Altpapier ist Rohstoff
Das galt auch schon vor 80 Jahren. Wenn die Ressourcen knapp werden, wird fleißig gesammelt und wiederverwertet.

80 Jahre
GRATULATION!

Wer mit dir Geburtstag hat

Prominente 43er

15. Februar
Elke Heidenreich
deutsche Schriftstellerin

19. April
Claus Theo Gärtner
deutscher Schauspieler

26. Juli
Mick Jagger
britischer Musiker

17. August
Robert De Niro
US-amerikanischer
Schauspieler

22. Oktober
Catherine Deneuve
französische Schau-
spielerin

27. November
Jil Sander
deutsche Modeschöpferin

1943

URLAUB

Erholung vom Krieg
Kleine Alltagsflucht

An Urlaub, wie du ihn heute kennst, ist 1943 nicht im Traum zu denken. Zum einen kann sich niemand einfach frei im Ausland bewegen und zum anderen fehlen Zeit und Geld für ausgedehnte Urlaubsfahrten. Beamten und Angestellten wird der Urlaub auf 14 Tage gekürzt. Die Zeiten, zu denen Soldaten zur Erholung nach Hause zu ihren Familien dürfen, werden auch immer seltener. Und der theoretische Urlaubsanspruch garantiert noch lange nicht die Bewilligung durch den Vorgesetzten. Nur wer nachweislich urlaubsbedürftig und abkömmlich ist, wird von der Arbeit freigestellt. Auch die Infrastruktur ist nicht auf Ferien ausgelegt: Die Reichsbahn wird vor allem für den Güter- und Truppentransport benötigt und viele Hotels werden zu Lazaretten und Flüchtlingsunterkünften für Ausgebombte umfunktioniert.

Wer sich trotzdem eine Auszeit gönnen will, unternimmt Tagesausflüge oder Wochenendfahrten in die nähere Umgebung. Wandern in den Bergen oder ein Tag am See oder im Strandbad müssen ausgedehnte Urlaubsreisen ersetzen.

Die Sonne genießen
Eine Kreuzfahrt ist zwar nicht möglich, aber wer den richtigen schwimmenden Untersatz besitzt, kommt diesem Lebensgefühl schon ziemlich nahe. So wie diese Seglerin, die auf dem Ammersee in Bayern das Leben genießt.

Auf die Bretter

Zum Glück liegt Deutschland für Naherholung günstig: Küsten, Berge und Seenplatten bieten ein abwechslungsreiches Freizeitprogramm. Auch ein Skiwochenende kann für eine harte Arbeitswoche entschädigen.

Zeit zu zweit

Solche Momente können deine Eltern nur noch selten genießen: unbeschwert Zeit miteinander verbringen und das ganze Drumherum für einen Augenblick vergessen.

1943

Der totale Krieg

Nach der Niederlage von Stalingrad im Januar ruft Josef Goebbels in seiner Sportpalastrede am 18. Februar zum „totalen Krieg" auf. Tausende Zuschauer bejubeln diese Forderung frenetisch. In der Folge wird die deutsche Wirtschaft komplett für den schon jetzt unrealistischen „Endsieg" eingespannt. Die Zivilbevölkerung muss ihre Bedürfnisse zurückstellen.

Die „Weiße Rose"

Am 22. Februar werden die Mitglieder der Widerstandsgruppe „Weiße Rose", die Geschwister Hans und Sophie Scholl, sowie Christoph Probst hingerichtet. Sie waren vier Tage zuvor dabei erwischt worden, als sie an der Münchner Ludwig-Maximilians-Universität Flugblätter gegen das Regime verteilt hatten. Im Laufe der Ermittlungen werden 14 weitere Mitglieder der „Weißen Rose" festgenommen, drei von ihnen werden am 19. April von den Nationalsozialisten ermordet.

WAS SONST NOCH GESCHAH

Neuer Snack

In der mexikanischen Grenzstadt Piedras Negras muss der Kellner Ignacio Anaya García spontan eine Gruppe Soldaten bekochen, weil der Koch unauffindbar ist. In seiner Not nimmt Anaya frittierte Tortillas und überbackt sie mit Käse und Jalapeños. Heute kennt man das Gericht in der Tex-Mex-Küche als Nachos.

Auf Droge

Der Schweizer Chemiker Albert Hofmann erlebt den ersten LSD-Trip der Geschichte. Vermutlich hat er im Labor von einer Substanz, die er gerade untersucht, etwas auf die Finger bekommen. Am nächsten Tag führt er einen Selbstversuch durch, um seine Vermutung zu bestätigen, und hält die bunten Halluzinationen und erschreckenden Erscheinungen in seinem Laborbuch fest.

1944–1953
KINDHEIT

Dein erstes Jahrzehnt
Aufwachsen im Frieden

Als du anfängst, deine Umwelt mit vorsichtigen Schritten zu erkunden, und deine ersten Sätze sprichst, ist Hitler-Deutschland endlich Vergangenheit. Doch der Neuanfang ist gar nicht so einfach, denn alles liegt in Trümmern und überall herrscht Mangel. Erst mit der Währungsreform 1948 kehrt wieder so etwas wie Normalität ins öffentliche Leben zurück, gleichzeitig verfestigt sie jedoch die Teilung Deutschlands. Mit der Gründung der BRD und der DDR im Jahr 1949 scheint diese Spaltung endgültig zu sein. Dafür beginnt nun auf beiden Seiten des Eisernen Vorhangs endlich der Wiederaufbau. Schuttberge machen Neubauten Platz, Lücken, an die sich das Auge schon gewöhnt hatte, werden geschlossen.
Und wie lebst du? Vormittags gehst du in die Schule, die zwar mit völlig überfüllten Klassen zu kämpfen hat und im Winter schlecht beheizt ist, aber dafür wieder regelmäßig stattfindet. Am Nachmittag spielst du mit deinen Freunden aus der Nachbarschaft und streunst durch Hinterhöfe, Wiesen und Felder.
Doch nicht bei allen ist wieder Normalität eingekehrt: Viele Menschen wohnen noch immer in Flüchtlingslagern und die Väter von 2,5 Millionen Kindern kommen nicht aus dem Krieg zurück.

Lieblingszeitvertreib
Klicker, Murmel oder Schusser – überall heißen sie anders, aber jeder kennt sie. Auf dem Schulhof und in der Nachbarschaft werden regelmäßig Turniere um die bunten Glas- und Tonkugeln ausgetragen.

Kann ich das haben?
Die Not ist überstanden und die Schaufenster sind wieder voller Leckereien, die das Herz höherschlagen lassen.

Stolze Puppenmuttis
Mit deinen Freundinnen zusammen kannst du Stunden mit der Versorgung eurer „Kinder" verbringen. Und wenn sich dein Bruder nicht zu sehr anstellt, darf er sogar mitspielen.

1944–1953
ALLTAG

Das bisschen Haushalt

Ungleichgewicht

Die Männer kehren heim und nehmen, ohne darüber nachzudenken, ihre alten Rollen wieder ein. Die Frauen müssen sich fügen. Sie kehren aus den Fabriken und aus dem öffentlichen Dienst zurück an den Herd. Verheiratete Frauen mit Kindern sind in der BRD nur noch selten berufstätig. In der unmittelbaren Nachkriegszeit sind sie sogar dazu angehalten, ihre Arbeitsplätze den Rückkehrern zur Verfügung zu stellen. Die sozialistische DDR scheint da deutlich fortschrittlicher zu sein: Hier gehen auch verheiratete Frauen und Mütter ganztägig arbeiten, während die Kinder in Krippen und Horten betreut werden. Doch ganz so weit ist die Emanzipation dann doch nicht, denn die Berufstätigkeit der Frauen führt in den meisten Fällen zu einer Doppelbelastung: Nach einem Tag im Betrieb gehen sie einkaufen, versorgen die Kinder und kümmern sich um den Haushalt, während sich ihre Ehemänner vornehm zurückhalten. Die in der Verfassung festgeschriebene Gleichberechtigung von Mann und Frau wird privat bei den wenigsten umgesetzt. Und so wird von der Maschinistin erwartet, dass sie in ihrer Freizeit die Bügelwäsche ihres Mannes erledigt. Zum Ausgleich erhält sie einmal im Monat einen „Haushaltstag", an dem sie nicht zur Arbeit gehen muss.

Haushaltshilfe
In manchen Familien gibt es schon erste Versuche mit den neuen Spülmaschinen. Doch die Geräte sind noch so teuer, dass sie sich kaum einer leisten kann oder will.

Prototyp
Die perfekte Hausfrau regiert patent in ihrem Reich und beherrscht zugleich das sparsame Wirtschaften mit dem ihr zugeteilten Haushaltsgeld.

Im Betrieb
Bei Aufbau und Erhalt der sozialistischen Wirtschaft ist jede helfende Hand willkommen, also sind Frauen und Männer in der DDR gleichermaßen berufstätig.

1944–1953
KINO

Unsere Helden
Neue Kinowelt

Endlich kann der Kulturbetrieb wieder aufleben und Regisseure wenden sich Themen abseits platter Propaganda zu. Doch ganz ohne Zensur geht es anscheinend immer noch nicht. Sowohl in West- als auch in Ostdeutschland werden viele Filme der jeweiligen Gegenseite nicht im Kino gezeigt, selbst wenn sie heute als Meisterwerke gelten, wie beispielsweise Wolfgang Staudtes „Der Untertan" von 1951.

Auch für Kinder gibt es jetzt einiges auf der Leinwand zu entdecken. Seit Erich Kästner nicht länger zu den verbotenen Autoren gehört, werden mehrere seiner Bücher verfilmt. Die erste Kästner-Verfilmung von „Emil und die Detektive" ist noch aus dem Jahr 1931, durfte aber trotz ihrer sogar internationalen Beliebtheit schon lange nicht mehr aufgeführt werden. Das ist jetzt vorbei und prompt legt der deutsche Film nach: 1950 kommt „Das doppelte Lottchen" in die BRD-Kinos, wenige Jahre später folgen „Pünktchen und Anton", „Das fliegende Klassenzimmer" und die Neuverfilmung von „Emil und die Detektive". Die DEFA präsentiert 1948 mit „1-2-3 Corona" ihren ersten Jugendfilm und mit „Die Geschichte vom kleinen Muck" 1953 den ersten Märchenfilm in Farbe.

Preußisch korrekt
Wolfgang Staudte verfilmt „Der Untertan" nach dem gleichnamigen Roman von Heinrich Mann. Nach der Veröffentlichung gibt es Kritik von beiden Seiten des Eisernen Vorhangs. Heute sind sich alle einig, dass „Der Untertan" ein Meisterwerk ist.

Weißt du's?

Wie nennen die Schüler im „fliegenden Klassenzimmer" ihren Hauslehrer?

Antwort: Justus

Pauker und Pennäler

Mit dem Schulalltag und den Straßenraufereien der Jungen im „fliegenden Klassenzimmer" kannst du dich vielleicht ebenfalls identifizieren. War dein Lieblings-Jugendwort auch „Eisern!"?

Was für's Herz

Mit Filmen wie „Schwarzwaldmädel" und „Grün ist die Heide" werden Sonja Ziemann und Rudolf Prack zum Traumpaar des westdeutschen Heimatfilms, der es sich zur Aufgabe macht, für jede seiner Geschichten ein glückliches Ende zu finden.

1944–53

Claus Schenk Graf von Stauffenberg

Obwohl der adelige Offizier nach eigenen Worten „glühender Patriot und leidenschaftlicher deutscher Nationalist" ist, geht ihm der Wahnsinn unter Hitler zu weit. Um den ohnehin verlorenen Krieg zu beenden, plant er mit anderen hochrangigen Militärs die „Operation Walküre". Der Staatsstreich misslingt jedoch, Hitler überlebt das Attentat und Stauffenberg und seine Mitverschwörer werden am 21. Juli 1944 hingerichtet.

Skandal

Am 5. Juli 1946 präsentiert die Nackttänzerin Micheline Bernadini ein äußerst knappes, zweiteiliges Badekostüm. Nicht etwa ein Modedesigner, sondern ein Ingenieur, der Franzose Louis Réard, steckt hinter der skandalösen Bademode. Inspiriert von den Atombombentests auf dem gleichnamigen Atoll lässt er sich seine Erfindung als „Bikini" patentieren.

Sprengung

In der größten nichtnuklearen Sprengaktion der Geschichte jagen die Briten 1947 mit 6,7 Kilotonnen Sprengstoff die Bunker- und Verteidigungsanlagen der Insel Helgoland in die Luft. Die Aktion geht als „Operation Big Bang" in die Geschichte ein. Die bei der Planung in Kauf genommene komplette Zerstörung Helgolands bleibt glücklicherweise aus.

Treiben lassen

Auf „Kon-Tiki", einem Floß aus Balsaholz, überquert der Norweger Thor Heyerdahl, Vater der experimentellen Archäologie, 1947 den Pazifik. Er will damit die Möglichkeit der Besiedlung Polynesiens von Peru aus auf die Probe stellen.

WAS WAR LOS IN DEINER KINDHEIT

Evita
María Eva Duarte de Perón, die Frau des argentinischen Präsidenten Juan Perón, prägt in den 40er-Jahren die Politik Argentiniens, indem sie sich für Frauenrechte und die Interessen der Armen einsetzt. Bis zu ihrem Tod am 26. Juli 1952 spielt sie als erste Lateinamerikanerin in der von Männern dominierten Gesellschaft eine wichtige Rolle in der Politik.

Krönung
Nach dem Tod ihres Vaters König George VI. besteigt Königin Elizabeth II. 1952 den Thron. Ihre Krönung findet am 2. Juni 1953 in der Westminster Abbey statt. Für viele ist die Queen zum Inbegriff der Monarchie geworden.

Gewaltfrei
Am 30. Januar 1948 wird in Indien der Widerstandskämpfer Mahatma Gandhi erschossen. Gandhi war einer der herausragendsten Vertreter im Kampf gegen Unterdrückung und soziale Ungerechtigkeit des 20. Jahrhunderts. Er setzte sich mit gewaltfreiem Widerstand für die Unabhängigkeit Indiens ein.

Staatsgründung
1949 werden zwei deutsche Staaten gegründet. Im Westen am 23. Mai die Bundesrepublik Deutschland, im Osten am 7. Oktober die Deutsche Demokratische Republik. Damit scheint die Teilung Deutschlands endgültig zu sein.

1954–1963

JUGEND

Du wirst erwachsen

Dein zweites Jahrzehnt

Die zweite Hälfte der 50er-Jahre ist in der BRD geprägt vom Wirtschaftswunder und dem damit einhergehenden Wohlstand. Auch in der DDR steigt die Lebensqualität kontinuierlich, seit immer mehr Luxusgüter auch für den heimischen Markt produziert werden und 1958 die letzten Lebensmittelrationierungen wegfallen. Überhaupt scheint Kontinuität das Schlagwort dieser Jahre zu sein: Auf der einen Seite begleitet Konrad Adenauer den Wiederaufbau, auf der anderen steuert Walter Ulbricht den Aufbau der DDR zum sozialistischen Staat. Für dich ist es wahrscheinlich kaum vorstellbar, dass auch andere Personen einen Staat lenken könnten, schließlich kennst du es seit deiner Kindheit nicht anders. Alles in allem bietet diese Stabilität der vergangenen Jahre aber auch perfekte Voraussetzungen für Jugendliche, die gerade den kurzen Spielhosen und der Puppenküche entwachsen sind und langsam anfangen, Zukunftspläne zu schmieden. Egal, ob du nach der Schule eine Lehre machst oder erst mal studierst, einen Arbeitsplatz findest du derzeit ziemlich problemlos.

Was gibt es Neues?

Taschengeld ist immer schnell ausgegeben, zum Beispiel für Comichefte und Groschenromane.

Lass die mal machen

Jetzt beginnt die spannende Zeit der ersten Male. Erinnerst du dich noch an deinen ersten Schwarm und deinen ersten Kuss?

Initiationsritus

Der Besuch der Tanzschule gehört in deiner Jugend ganz selbstverständlich zum Erwachsenwerden dazu.

1954–1963
MUSIK

Große Auswahl für die Ohren
Wie es dir gefällt

1953 werden in Westdeutschland zum ersten Mal die beliebtesten Lieder ermittelt, indem man auswertet, welche Titel am häufigsten auf Jukeboxen abgespielt werden. Diese Boxen-Schlager sind die erste deutsche Hitparade und es finden sich in den ersten Jahren vor allem einheimische Schlager in den Listen. Ausnahmen bilden Harry Belafonte, Elvis Presley und Bill Haley. Während 1960 in Großbritannien die Beatles bereits in den Startlöchern stehen, wird bei uns der Club Honolulu mit „Itsy Bitsy Teenie Weenie Honolulu-Strand-Bikini" Nummer eins. Auf Radio DDR 1 können die Hörerinnen und Hörer unterdessen in der „Schlagerlotterie" (ab 1958 „Schlagerrevue") über die besten Neuerscheinungen des Plattenlabels Amiga abstimmen. Neben einheimischen Stars wie Bärbel Wachholz, Helga Brauer, Fred Frohberg, Günter Geißler und anderen präsentiert Heinz Quermann hier auch Interpreten aus den sowjetischen Bruderstaaten wie Lili Ivanova. Die zahlreichen Tanzorchester des Landes versuchen sich auch schon fleißig an den neuen *Beat*-klängen, allerdings meistens instrumental. Englische Lieder sind bei der Zensurbehörde nicht gern gesehen und deutsche Texte erscheinen den jungen Musikern als zu angestaubt. So bleibt es bei beschwingter, gut tanzbarer Instrumentalmusik und gelegentlichen Covern englischer und amerikanischer Lieder.

Na, was ist denn schon dabei?
Gemeinsam mit ihrem Bruder Silvio Francesco nimmt Caterina Valente eine deutsche Cover-Version des amerikanischen Nummer-eins-Hits „Itsy Bitsy Teenie Weenie Yellow Polka Dot Bikini" auf: Das Duo landet unter dem Namen „Club Honolulu" auf dem ersten Platz der deutschen Hitparade.

Die Mutter aller Musicals

1961 erscheint die erste Filmfassung des berühmten Musicals von Leonard Bernstein. „West Side Story" wird für elf Oscars nominiert und gewinnt am Ende zehn der begehrten Trophäen. Für die Gesangsparts werden die Schauspieler übrigens von professionellen Sängern synchronisiert.

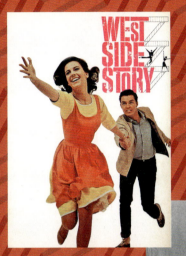

Weißt du's?

Mit welchem Lied führten die Kilima Hawaiians 1953 die erste BRD-Hitparade an?

Antwort: „Es hängt ein Pferdehalfter an der Wand"

Let's Do the Twist

In sogenannten Jugendtanzstätten kannst du dich mit deinen Freunden bei *Twist* und *Rock 'n' Roll* verausgaben.

1954–1963 FERNSEHEN

Ein neues Medium

Die ganze Welt im Wohnzimmer

Mitte der 50er-Jahre nimmt sowohl in der BRD als auch in der DDR das Fernsehprogramm Fahrt auf. Zunächst nur wenige Stunden am Tag und selbstverständlich in Schwarzweiß. Doch mit der Zahl der Zuschauer wächst auch das Angebot der Rundfunkanstalten. Schnell werden die abendlichen Nachrichtensendungen zur Institution: Um 19.30 Uhr die Aktuelle Kamera im Osten, um 20.00 Uhr die Tagesschau im Westen. Durch ihre tagesaktuellen Beiträge laufen sie den Wochenschauen im Kino bald den Rang ab.

Für dich vielleicht noch interessanter sind die Unterhaltungsshows am Abend. Der DFF sendet mit „Da lacht der Bär" eine Mischung aus Polit- und Unterhaltungssendung, die – zumindest bis zum Mauerbau – Vertreter aus Ost und West an einen Tisch bringt. Zum Klassiker der Abendunterhaltung wird sehr bald „Was bin ich? Das heitere Beruferaten" mit Robert Lembke in der ARD. Ab 1958 wird hier auch der Vorläufer des „Tatort" gesendet: „Stahlnetz" bildet echte Kriminalfälle ab und entwickelt sich zum absoluten Straßenfeger.

Mr. Tagesschau
Karl-Heinz Köpcke wird 1959 der erste Tagesschau-Sprecher der Geschichte. Zuvor wurden ausschließlich Einspieler mit Kommentaren aus dem Off gesendet.

Treten Sie näher

Noch sind die Bildschirme der Fernsehgeräte recht klein und eine Fernbedienung haben sie auch nicht. Da ist es vielleicht sogar ganz praktisch, dass es nur eine äußerst begrenzte Programmauswahl gibt und man nicht so oft umschalten muss.

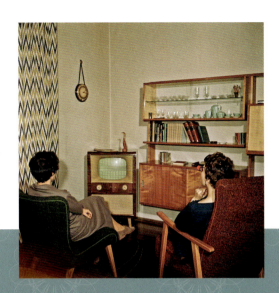

Die Geburt des DDR-Krimis

Die erste DDR-Krimireihe namens „Fernsehpitaval" wird von 1958 bis 1978 ausgestrahlt und stellt, ähnlich wie „Stahlnetz", reale Kriminalfälle nach. Vorne links im Bild Friedrich-Karl Kaul, Autor und Kommentator der Krimiserie.

1954–63

1954 DAS WUNDER VON BERN

Am 4. Juli kann sich Deutschlands Nationalelf unerwartet gegen die ungarische Mannschaft durchsetzen und wird zum ersten Mal Fußballweltmeister. Die Partie geht als „Wunder von Bern" in die Annalen ein.

1955 JAMES DEAN

Kaum ist er berühmt und zum Idol einer ganzen Generation geworden, stirbt er bei einem Autounfall. James Dean spielte nur in drei Filmen mit und ist trotzdem unsterblich geworden.

1956 PREMIERE

Beim ersten Grand Prix Eurovision de la Chanson in Lugano wird Deutschland von Freddy Quinn vertreten. Den ersten Platz belegt die Schweizer Sängerin Lys Assia.

1957 NEUE WELTEN

Mit Sputnik 1 startet der erste Satellit seine Reise in den Weltraum. Er sendet 21 Tage lang ein Funksignal aus, das auf der Erde empfangen werden kann. Nach 92 Tagen verglüht er schließlich in der Erdatmosphäre.

1958 DISZIPLIN STATT *ROCK 'N' ROLL*

Elvis Presley leistet seinen zweijährigen Militärdienst in Deutschland ab. Seine Ankunft sorgt vor allem bei der weiblichen Bevölkerung für Aufregung.

WAS IN DEINER JUGEND GESCHAH

1959 THE DAY THE MUSIC DIED
Bei einem Flugzeugabsturz nahe Clear Lake, Iowa, in den USA kommen die Musiker Buddy Holly, Ritchie Valens und The Big Bopper ums Leben.

1960 FAMILIENPLANUNG
In den USA kommt die erste Antibabypille auf den Markt. Nach anfänglicher Skepsis erfreut sie sich schließlich großer Beliebtheit und sorgt für mehr sexuelle Selbstbestimmung.

1961 MAUERBAU
In Berlin beginnt am 13. August der Bau der Berliner Mauer. Dieses Symbol des Kalten Kriegs aus Beton und Stacheldraht erstreckt sich auf einer Länge von ca. 160 Kilometern und wird die Stadt bis 1989 teilen.

1962 AUFRUHR
Bei den Schwabinger Krawallen geraten Jugendliche und Polizisten in München aneinander. Die Auseinandersetzungen gelten als Vorboten der aufkeimenden Studentenbewegung.

1963 ATTENTAT
Am 22. November wird in Dallas der amtierende US-Präsident John F. Kennedy erschossen. Die Hintergründe der Tat konnten nie vollständig aufgeklärt werden und so ranken sich bis heute Verschwörungstheorien um den Tod des Präsidenten.

Was für ein Jahrgang
Herzlichen Glückwunsch!

Dein Geburtstag ist eine gute Gelegenheit, dein bewegtes Leben Revue passieren zu lassen. Auf den vergangenen Seiten konntest du sehen, was in deinen ersten beiden Jahrzehnten um dich herum geschah. Doch was im Gedächtnis viel eindrücklicher präsent bleibt, sind die persönlichen Erinnerungen an Erlebnisse, Freunde und Familie. Deshalb ist auf den folgenden Seiten noch ein wenig freier Platz für Fotos, Widmungen oder persönliche Gedanken.

Bildnachweis:
Cover: Coverfoto: picture alliance/ddrbildarchiv/Siegfried Bonitz; Kamera, Hintergrund und Dekoelemente: Shutterstock.com
Innenteil: alle Fotos picture alliance; Hintergründe und Dekoelemente: Shutterstock.com

Alle Rechte vorbehalten. Das Werk darf – auch teilweise – nur mit Genehmigung des Verlags wiedergegeben werden.

© 2022 Pattloch Verlag
Ein Imprint der Verlagsgruppe Droemer Knaur GmbH & Co. KG, München
Gesamtgestaltung: Karin Etzold
Text und Bildauswahl: Anna Pezold, Neumann & Kamp Historische Projekte
Lektorat: Dr. Bettina Bruckbauer
Redaktion: Katharina Hepp, Pattloch Verlag
Gesamtherstellung: AZ Druck und Datentechnik GmbH, Kempten

ISBN 978-3-629-00607-3
www.geschenkverlage.de
5 4 3 2 1